EL INTERIOR DE
TU CONVENTO

H. A. LÓPEZ OLIVERA

EL INTERIOR DE
TU CONVENTO

EXLIBRIC

ANTEQUERA 2020

EL INTERIOR DE TU CONVENTO
© H. A. López Olivera
Diseño de portada: Dpto. de Diseño Gráfico Exlibric

Iª edición

© ExLibric, 2020.

Editado por: ExLibric
c/ Cueva de Viera, 2, Local 3
Centro Negocios CADI
29200 Antequera (Málaga)
Teléfono: 952 70 60 04
Fax: 952 84 55 03
Correo electrónico: exlibric@exlibric.com
Internet: www.exlibric.com

ISBN: 978-84-18470-60-8
Depósito Legal: MA-1336-2020

Nota de la editorial: ExLibric pertenece a Innovación y Cualificación S. L.

H. A. LÓPEZ OLIVERA

EL INTERIOR DE TU CONVENTO

¿Y tener que renunciar a provocarte?
¡Eso nunca!
Provocarte es uno de los mayores
placeres de la vida.

El autor

*«Los dos días más importantes de tu vida son el día
en que naces y el día en que descubres por qué».*

Mark Twain

Tus tequieros que no sufren.
Tus tequieros de ambigüedades.
Tus tequieros los que imito.
Tus tequieros que no me salen.

14

Por eso no tengo la memoria muy grande,
para quedarme con los pequeños detalles.

15

El rastro de sudor se mezcló con el viento.
De esperanza un atisbo vio pasar el tiempo.

Y yo he olvidado cómo llego
a su corazón de acero.

17

Tengo en este lado una penita,
a ver si me la quitas.
Tengo en el otro esperanzas,
déjamela si te vas.

He visto ubres:
por resignación de chico,
por histerismo de joven,
por satisfacción de adulto,
por obligación veré de viejo.

Me quiero desgobernar.
Guerra tras guerra, ¿y qué se ganó?
Por los ojos han comido
y ven con la boca abierta.

Se te da tan mal agradecer
que llevas intentándolo todo el día.

Te propongo dos cosas,
comenzando
por una sonrisa
y terminando
porque me propongas.

Me da miedo verte y que digas:
«el tiempo lo cura todo
y aquí no pintas nada».

Me elevaste tan lejos aquella noche
que te vi ajustando mi reloj,
para que cayéramos los dos
al mismo tiempo.

Si dices mucho,
correrás el riesgo de estropearlo todo.
Si dices poco,
correrás el riesgo de no haber dicho lo suficiente.
Si no dices nada,
no correrás riesgo alguno.
Si no corres riesgo,
no disfrutas.

Bésala,
y si está enfadada,
bésala enfadada.

Los exitosos buscan siempre soluciones.
Los victimistas se preguntan:
«¿Por qué me pasa esto a mí?».

Si pasado un año sientes
que aún recorres tu camino,
tienes una fortuna.
Si pasado un año sientes
que aún estás en el mismo sitio,
tienes un problema.

Intentemos desligarnos
de la autocomplacencia
y del orgullo excesivo.
Al final, tú existías sin mí
y yo existía sin ti.
No se trata de competencia,
sino de superarnos.
No se trata de desafiarnos,
sino de coexistir.

29

Mi parlamento siempre pide
clemencia, que este ciudadano
deambula más solo que un uno
y se me escapa de las manos.

De cara a tu partida
sentí que no me daba la vida
y que se me iba el santo al cielo.

Si te gusta,
le besarás los labios.
Si le quieres,
besarás las manos.
Si la amas,
le besarás los pies.

Al final,
¿para qué dar explicaciones?
Quien está dispuesto a quererte
no te las pide.
Quien no está dispuesto a quererte
no te las va a creer.

En ocasiones me permito soñar
con que soy un tornado y que
las masas de aire se lo llevan todo,
menos el momento en que la conocí.

Mis sueños de incapaces sudan a gota gorda,
y tengo al prisionero comiendo carne cruda.
Te noto abigarrado: se queja la conciencia
y se aflora mi risa con su falsa modestia.

Nadie dice toda la verdad.
Aquellos que se proclaman del todo sinceros
son los que más mienten.

36

No te preguntaré si me amas,
así no tendrás que mentirme.
No me pidas que me explique,
así no tendré que decirte la verdad.

Rostro, mejor no te veo
por pensar que eres tan feo.

Con tan poco Gloria
la memoria va olvidando.

Nunca he intentado
ser tan solo un caballero,
pero si es lo que necesitas,
espera que lo intento.

¡No es un cualquiera!
Es alguien al cual todos
le prestan su cariño.

Prudentemente
podemos vivir
un momento
alocado.

42

Él es el mismísimo padre,
santo varón.
Ella, la real madre,
María Calcuta,
y yo, el verdadero hijo.

43

Como un amor abovedado
en tu pozo de amarguras.
Como animal fulminado
se rasgó las vestiduras.

44

Por eso, siempre a principios de mayo,
dejaba un cubo a la sombra de la luna,
para almacenar agua de lluvia.

Contigo juego
como nunca y pierdo
como siempre.

46

En nuestro cuarto,
donde no permites ni fotos ni videos,
dejas grabado en las paredes
las heridas de tus caprichos,
para que las civilizaciones futuras
puedan apreciar tu genio.

Los imperecederos piensan que
se van quedando sin opciones,
y no se dan cuenta de que
solo hubo una.

48

El viento te dibuja en las cortinas,
recita tus ofensas preferidas
y de sabia una risilla me dice:
«Con un perdón te hubiese ido
de mil maravillas».

49

En volandas
ando si te pienso.
¿Por qué aun no te he dicho?
Me gusta el secreto.

¿Cómo vas?
Soplando como el viento.
¿Y el dolor?
Ya se lo irá llevando el tiempo.
¿Y el amor?
Disfruta a ratos los momentos,
y la locura rota
en una cinta giratoria.

51

Desde el día en que te fuiste
paso todas las mañanas en vela
y todas las noches despierto.

52

Ya se desbordó la madrugada.
¿Y el aliento?
Lo primero que perdí.
Te lo advierto,
me das un apretón
o me miras.

Aunque medio centenario
me haya caído encima,
las líneas de la cara
esta inmensa barriga.
Esta desmesura
que no tiene nombre,
y es que las arrugas
ornamentan al hombre.

54

Desde que no me deseas
todos los días te deseo.

55

Como mismo el destino castiga a los indignos,
también hace justicia por aquellos
que se enfrentan a sus faltas
en busca de reivindicación.

Tienes una voz tan especial
que si te diera por hablar en mi funeral,
hasta mis adversarios llorarían.

Lo que hace que alguien
sea la pareja de tu vida
no es lo mucho que te da,
sino que te dé lo que tu pidas.
Lo que hace que alguien
sea el amor de tu vida
no es lo mucho que le pidas,
sino lo mucho que te da.

Un ángel en mi hombro me dice:
—Si estás a gusto, entonces
no estás metiendo la pata.
El otro le responde:
—Pues las peores meteduras
de pata son las que haces
cuando estás a gusto.

Nadie habla de libertad
hasta que no le encierran
en una jaula.
Nadie pide oxígeno
hasta que no se encuentra
un metro bajo el agua.

60

Si con lo poco que tengo jamás me quisiste,
menos me querrás con lo que me falta.

Nadie siente el dolor ajeno
hasta que no le estrangulan
a su propio gato.

62

Lo único que no me gusta
cuando estás conmigo
es cuando te vas.

No confío en quien dice:
«No te sujetes de esa rama,
porque sostengo tus pies».
Confío en los que dicen:
«No te sueltes de esa rama,
por si estas manos me fallan».

64

Soy el sepulturero
que quiere interesarse
en el interior de tu convento.

—¿Y qué si no quiero ser
así y prefiero ser asao?
—Entonces sé asao,
si prefieres ser así

Necesito encalar pronto la lobreguez,
porque de noches no te sueño.

67

Si me han de reclamar por lo que no viví,
pues que la vida me perdone.

68

Sé que a menudo sus labios recitarán:
«¿qué haremos con el qué dirán?».

Admito,
odio su pensamiento sideral.
Sobresaltado por motivos
de remozar que serían mi único designio.
¡Qué hastío!

Su verso libre a duras penas vibró
entre lujuria y clamor.
Y con pocas palabras me resumió
lo que el viento se llevó.

Vive la vida a la moda.
No la hagas elegante,
hazla interesante.

Y prefirió crecer y darse a su lugar
que permitirse soñar
por siempre.

73

Consigo socorrer de golpe a la razón
y entre refranes envejezco.

Te dejé de escuchar,
y se me ha quedado
dentro.

Tanto callar mengua la oportunidad
de que me vuelva a llamar.
Tanto esperar me reduce el placer
de que me vuelva a querer.

—Pensé en mandarte una carta,
pero creí que sería un
poco estúpido.
—A muchas chicas les encanta
las estupideces.

Se fue de la cama como si estuviera llegando,
para encubrir el engaño.
Bajó los peldaños como si estuviera subiendo,
para hacer menos ruido.
Mató la esperanza como si la estuviese salvando,
para hacer menos daño.
Se llevó los recuerdos y me dejó el corazón,
para que nunca la olvide.

Cruzando confines
donde se oculta el secreto
de la desvergüenza:
—¡Muéstrese, señora!
—Soy la Ramoneta.

Que no se vuelva a entregar,
y si enloquece el mundo, mejor.
De ayunas y de cilicio.
Devota penitencia.

Tengo mil motivos reivindicativos
de cara al invierno.

Abandoné el postural de bribón
cuando te di la razón.

Antes que tú.
Anteayer.
Antes te vi
bordando tantas camas
con un arte.

Y así fue nuestro amor:
concebido bajo los cimientos
de una gran mentira.

—Como te gusta tenerme
al borde de la locura.
—Siempre que estés dispuesto
a volverte loco.

85

Soy consciente que los cofres
que guardan tesoros existen,
pero soy mucho más consciente
de que no todos los cofres
guardan tesoros.

Si tú fueras religión, hasta yo creería en ti.

Ignoraba que a pesar de su montón de fórmulas
personificadas para cada situación,
cuando se trata de sentimientos y lujuria,
los deseos siempre ganan.

No llores porque haya volado a otro nido.
Sé feliz porque compartió
un grato momento
en el tuyo.

89

Te fuiste y me dejaste iniciado.

Ahí te miro y te miro,
cómo le das más vueltas
a la cuchara que a la leche.

91

Me gustan tus labios,
pero me gustan más los míos,
porque si no tuviera los míos,
no te podría besar.

Ojalá pudiera dejarte
una manzana en tu boca,
una estrella en tu frente,
de mi reino tu castillo,
en tu mano una rosa
y dinero en los bolsillos.
Pero como no tengo dinero
no como manzanas,
no prometo estrellas,
no pinto castillos,
no regalo rosas,
y mis bolsillos…
pues eso.

Sé que con la luz del sol no le va a bastar.
En la noche no alcanzará con las estrellas.
Que besó al diablo y no le deja de gustar.

94

Sé que algún día nos comerá la decepción.
Que el sueño azul llega a los bailes de violeta.
Porque soñamos y no queremos despertar.

No eres más que el sorbo de locura
reseca en mi boca.

Qué sabrás tú de amor,
si nunca me amaste.

97

Busco una condenada gana
que esté a tu altura.
Y emito al vacío
estar a tu altura.
Unas ganas,
las muy condenadas
las emito vacío.

98

Tus labios tararean una canción
que no se sabe tu cabeza.

Estoy que me critico.
Tú siempre me criticas
que por qué cae del cielo
la lluvia en mil gotitas.

Si estás es todo un sueño placentero.
A mí el amor me entró por la barriga.
Te vas y ¡qué mala la comida!
¡Qué horribles pesadillas!

Digo que a gusto estuve
sólo cuando te tuve.

Es preferible lidiar con un mentiroso
que con un falso sincero.

103

Entre mil enojos
no encuentro el valor
de hacer lo que quiera.

Mis pensamientos,
si le da por soplar,
que se los lleve el viento.

Me gusta tu sonrisa
cuando sabes lo que quiero.
Lo que tú quieres de mí.
El prejuicio de todos.
Lo que todos queremos.

Amedrentada, porque
el tiempo le ha hecho ver
que recién soy antro
y antes sirviente.
De aquellos polvos
vienen los lodos de hoy.
De aquellos dioses
estos delincuentes.

Qué raro cuando tu amiga
dice que no te quiero.
Qué raro cuando mi amigo
dice que andas por ahí.
Qué raro que de este cautivo
haya tantos prisioneros.
La rara que sueña conmigo
y el raro que finge por ti.

No llegas a ver las palmas del oasis
sin haber atravesado el desierto.
Por eso, solo los que luchan por el reino
serán merecedores de sentarse al trono.

Rimando es que empiezo,
disueno y termino.
Me alcanzan las rimas,
me cansa si rimo.
Me frustro y no rimo.
Te extraño y disueno.
Te olvido y no escribo.
Te pienso y no empiezo.

Destruiremos el mundo,
pero con los bolsillos llenos.

III

Que me perdone Dios si en el creyera.

Que mi armadura le libere su primicia
y le haga un lazo al ojal de su camisa.
No sé si le apetece que la bese
de intelectual mi virtud,
o quiera maltratarse su loca juventud.

Casto o mordaz, canalla o todo un hidalgo;
mira siempre el cielo azul de su ser,
el que muestra solo en las sombras
para que no se lo roben.

No salgo,
me van a matar por ahí si viene la noche.
No aspiro,
me van a enjaular por ahí si duermo contigo.
No duermo,
me van a flechar por ahí si sueño contigo.

Me dejó un abrazo tan intenso
que todavía lo siento.

Velas, vino, ruido, mordiscos,
húndeme la carne y nunca te olvidaré.

Quiero convencerme
de que no me he vuelto loco.
Con compartir me basta,
los pobres piden poco.

Trato de advertirme que se cura
con los años la paranoia.
Te esculpiré perfecta a ciencia pura
por si me falla la memoria.
Nadie quiere verme,
aun así me escondo.
Piensan descuadrarme
tus besos redondos.

Yo te quise querer.

Caigo del butrón a los pensamientos
que me dejaste tú.
Diablos, me quema en la mirada
tu sol a plenitud.

121

Con más deseos que un hada
y más calor que un fogón.
Con más pírsines que lengua
y más piernas que corazón.

¿Qué haces conmigo? —le pregunto y sonríe.
Tengo el pudor atado a su nombre.

Me traes tan buenos recuerdos
de aquel lugar que nunca fui.

124

Para no hacer tan largo el cuento,
superaste los momento que pasé
con la que nunca existió.

125

Me dio por abrazar el universo
y a ti te dio por soplar el viento.

No me vale pensar
en besos que no tienen futuro,
los vasos rotos en el muro del salón
y en tu vestido sin broches ni botón.

127

Rayó su luna en mi diapasón
y me dejó el delirio en ayuna,
con una rosa en mi pantalón.

Son como los políticos:
mientras más humildad aparentan,
más dinero se echan en los bolsillos.

129

Quisiera comerme un pedacito
de la noche contigo.

¡Será candela!
Este vapor cuece por dentro y dora por fuera.
Atento digo más
a contratiempos,
esta ambición cuece por fuera y quema por dentro
Niega evidencias
que ilusionantes,
después de un cuarto la mañana morirá.
Yo disoluto,
luego de un hueco la tierra me tragará.

131

Si quieres tener una relación
en la cual no te sientas
en algún momento con las ganas
de terminarlo todo,
entonces no la tengas,
porque no será una relación.

132

No busco quedarme en este mundo contigo.
Busco dejar una historia digna de ser contada
cuando no estemos ni tú ni yo.

Tus parlamentos te van enseñando
lo que debes eludir,
lo que debes explicar
y lo que debes callarte.

134

No celebres un momento de gloria
como si fuese una victoria.

No necesitas preguntarme.
No necesitas indagar.
Quédate el tiempo suficiente
y sabrás quién soy.

136

Conocerte me ha hecho regalarte una rosa.
Perderte me ha hecho deshojarla.

Ahora que sé que por tu vida han pasado 100,
entiendo que si acierto seré el decisivo,
de lo contrario seré el 101.

Nunca sabrás que puedes conseguirlo
si no renuncias al miedo de perder lo que tienes.
Nunca sabrás el valor de lo que tienes
si no eres consciente de lo que te costó conseguirlo.

No veo el día en que encuentre
esa paz que te llevas.

Antes todo lo que hacías por mí,
todo lo que te has gastado.
Ahora sigo haciendo por ti
lo que más economizado.

Mi abuelo me decía que para
conocer a mi mujer
debería primero intentar
conocer sus padres.
Por eso no me conozco,
porque nunca intenté
conocer a los míos.

No te preocupes, que ningún abusador
ha contribuido a la existencia
de un mundo mejor.
Ningún cobarde tampoco.

143

Todo cobra sentido cuando la veo,
¿o será que lo pierde?

Recuerda que nunca me doy por vencido,
pero no olvides que no siempre apuesto
la misma persona.

145

Lo que te dicen es para alentarte.
Lo que callan es la pura verdad.

Probablemente no volvamos a ganar,
pero aquellos que no conocen la locura
ignorarán por siempre las victorias.

Sobre el autor

Narrador de toda la vida, H. A. López Olivera se especializa en crear relatos enriquecedores y emocionantes a través de los caminos de la penumbra, la luz, la contradicción y el sentido común. Además, es autor de la novela *Historia de un psicópata*, publicada a finales del pasado invierno.